Dieses Buch gehört

ROSALiA

Liebe Eltern,

wir wollen Ihr Kind beim Lesenlernen unterstützen, und zwar mit spannenden und lustigen Geschichten.

Unsere Bücher mit der liebenswerten Bildermaus begleiten Ihren Sohn oder Ihre Tochter durch die Vorschule. Sie enthalten kurze Geschichten mit einfachen Sätzen sowie großer und leicht lesbarer Schrift. Hauptwörter werden durch kleine Bilder ersetzt. Lesen Sie die Geschichten vor und lassen Sie Ihr Kind die Bilder selbst benennen. Am Ende finden Sie eine Bild-Wörterliste mit den einzelnen Bedeutungen. Viele bunte Illustrationen sorgen außerdem für Lesepausen und helfen, die Geschichte zu verstehen.

So wird der Spaß am Lesen geweckt, und Ihr Kind wird ganz nebenbei von der Bildermaus zum echten Leselöwen!

Ihre

Bildermaus

Maja von Vogel

Der kleine Drache rettet einen Freund

Illustriert von Dorothea Ackroyd

www.bildermaus.de

FSC
www.fsc.org
MIX
Papier aus ver-
antwortungsvollen
Quellen
FSC® C109273

ISBN 978-3-7855-8571-9
1. Auflage 2017
© Loewe Verlag GmbH, Bindlach 2017
Illustrationen: Dorothea Ackroyd
Umschlaggestaltung: Michael Dietrich
Vignetten Bildermaus: Angelika Stubner
Reihenlogo nach einem Entwurf von Angelika Stubner
Printed in Poland

www.loewe-verlag.de

Inhalt

Grünzeug für Düsbert

Düsbert, der kleine , saust

über den  zur großen . Er

will mit den anderen  spielen.

Als Düsbert auf der  landet,

verstecken sich die  gerade im

hohen . Nur  Feuermaul

nicht. Er kneift die  zusammen.

„Eins, zwei, drei – ich komme!" Er

reißt die  wieder auf, entdeckt

Düsbert und rümpft die  .

„Hallo,  !" Düsberts  zuckt.

„Ich heiße Düsbert", stellt er klar.

Feuermaul grinst. „Aber du bist so

rot wie ein !" Düsbert bläst

ärgerlich  aus seinen .

Das stimmt allerdings. Düsbert ist

der einzige rote  im ganzen .

Alle anderen  sind grün.

10

„Na und? Ist doch egal", sagt er.

„Darf ich mitspielen?" Feuermaul

schüttelt den . „Dich sieht

man ja gleich im grünen .

Sag mal, bist du vielleicht so rot,

weil du verliebt bist?"

Die anderen  kichern. „Ich

bin nicht verliebt!", ruft Düsbert

wütend. „Red nicht so einen !"

Er schlägt mit den  und düst

davon. Dieser blöde Feuermaul!

Immer ärgert er Düsbert.

„Ich will nicht mehr rot sein!", ruft

Düsbert den  zu. „Ich werde

jetzt auch ein grüner !" Aber

wie? Düsbert fliegt so lange

über dem , bis ihm endlich

etwas einfällt.

„Ich hab's!", jubelt er und flitzt zu

einer kleinen  tief im  . Hier

wächst saftiges grasgrünes

und weiches moosgrünes  .

Düsbert futtert so viel

und  , bis ihm der  wehtut.

Zwischen den  findet er ,

grüne  und . Lecker!

Düsbert reißt das  auf und

stopft alles in sich hinein. Von

so viel  muss man doch

gritzegrün werden, oder?

Um ganz sicherzugehen, fliegt

Düsbert zum grünen , wälzt

sich wohlig im modergrünen

und taucht zwischen den  ins

flaschengrüne 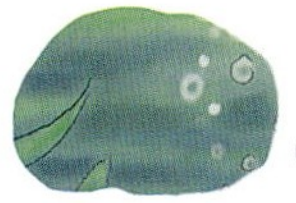 .

Als er wieder herauskommt,

betrachtet er erwartungsvoll

seinen . So ein ! Sein

schuppiger  ist genauso rot

wie vorher. Die  auch.

Nur an seinen  klebt noch

etwas modergrüner . „So

ein !" Enttäuscht hebt Düsbert

ab und fliegt zurück. Es hat nicht

geklappt. Was soll er jetzt tun?

Entführt!

Als Düsbert über die große

fliegt, traut er seinen 👁 kaum.

Was ist denn hier los? Die

laufen wie aufgescheuchte 🐔🐔

herum und rufen durcheinander.

Düsbert landet. „Ist was passiert?",

fragt er die .

„Feuermaul wurde entführt!",

ruft  Egon mit bebenden  .

„Von der roten  ! Sie hat ihn

geschnappt und mitgenommen."

Düsbert schluckt. Die rote

ist bei allen  gefürchtet.

20

Sie haust in einer  tief unten im

roten  und hext alle 🐟🐟🦑 rot.

Ab und zu entführt sie einen 🐉,

damit er 🔥 in ihrer   macht.

Das 🔥 eines 🐉 brennt

nämlich auch unter 💧.

„Armer Feuermaul!" Egon kullert

eine  über die . „Jetzt ist er

in der der gefangen

und sieht nie wieder die ."

Düsbert wackelt mit den .

„Wir müssen Feuermaul helfen."

Egon kratzt sich traurig am  .

„Das geht nicht. Die rote

ist viel zu gefährlich. Wenn du ihr

zu nahe kommst, verzaubert sie

dich sofort in einen krebsroten

oder in eine feuerrote  ."

Igitt! Die  schütteln sich.

„Wir können die  doch

überlisten!", ruft Düsbert. „Wer

kommt mit?" Niemand hebt die .

Düsbert seufzt. „Dann fliege ich

eben allein, ihr lahmen ."

Er breitet seine  aus und

saust wie ein roter  davon.

Die anderen  sehen ihm

nach. „Wenn das mal gut geht ...",

murmelt Egon.

Echte Helden sind rot

Düsbert flitzt zwischen den

hindurch zum  . Das

leuchtet blutrot und auf den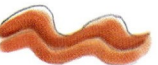

tanzt orangeroter  .

Düsberts 💗 klopft heftig und

sein  zuckt nervös. Irgendwo

da unten haust die  !

Düsbert atmet tief ein und schießt

wie ein  in die 〜. Wie gut,

dass 🐊 unter 🍃 atmen

können! Er taucht tiefer und tiefer.

Es wird immer dunkler, nur die 🪸

leuchten. Hier unten ist alles rot.

Es gibt feuerrote , samtroten ,

flamingorote , krebsrote

und signalrote ! Ein schöner

knallroter  schwebt an Düsbert

vorbei. Schnell duckt sich der

hinter einen schwarzroten .

Wo ist die ? Plötzlich hört

er jemanden fluchen. Düsbert

schwimmt eilig weiter. Mitten in

einem aus weinroten

entdeckt er eine und lugt

vorsichtig hinein.

Er hat die  gefunden! Sie

schimpft gerade mit Feuermaul.

Der  hockt in einem  und

zittert so sehr, dass er nicht

spucken kann. „Beeil dich,

du  !", zetert die  .

„Mach endlich , damit ich mir

ein paar braten kann!"

Aber aus Feuermauls quillt

nur grauer . Die hebt

die und murmelt etwas.

Plötzlich ist Feuermaul nicht mehr

grasgrün, sondern feuerrot. „Das

hast du jetzt davon!" Die

lacht gemein. Düsbert kriegt

das  nicht mehr zu. So eine

fiese !

Er verschluckt sich und muss

husten. „Wer ist da?" Die  saust

aus der  und sieht sich wild

um. Schnell versteckt sich Düsbert

zwischen den weinroten .

Wie gut, dass er auch rot ist! So

ist er prima getarnt und die

entdeckt ihn nicht. Grummelnd

schwimmt sie zwischen den

davon, um ein paar quabbelige

zu jagen. Düsbert flitzt in die .

„Du?" Feuermaul reißt überrascht

die  auf. „Wir müssen hier

weg!", ruft Düsbert. „Wo ist der

für den  ?" Feuermaul zeigt

auf einen  an der  .

Düsbert holt den  und schließt

den  auf. Schnell tauchen

die beiden  nach oben

und fliegen davon. Auf der

werden sie jubelnd begrüßt.

„Hoch lebe Düsbert!", ruft Egon.

Feuermaul streckt Düsbert die

entgegen. „Danke! Du warst

mutiger als ein . Eigentlich ist

es toll, ein roter  zu sein."

Düsbert grinst. „Finde ich auch."

Während Feuermaul wieder grün

wie  wird, bleibt Düsbert so

rot wie eh und je. Aber das stört ihn

nicht die . Denn die wahrhaft

heldenhaften sind eben rot

wie ein !

Die Wörter zu den Bildern:

 Drache

 Rauch

 Wald

 Nasenlöcher

 Wiese WIESE  Kopf

 Gras

 Quark

 Augen

 Flügel

 Nase

 Wolken

 Feuermelder

 Schleifen

 Schwanz-
spitze

 Lichtung

 Moos

 Schlamm

 Bauch

 Algen

 Bäume

 Wasser

 Gurken

 Körper

 Bohnen

 Mist

 Grünkohl

 Beine

 Maul

 Füße

 Gemüse

 Käse

 See

 Hühner

 Meerhexe

 Feuerqualle

 Höhle

 Tatze

 Meer

 Enten

 Meeres-
bewohner

 Blitz

 Feuer

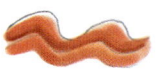 Wellen

 Träne

 Schaum

 Wange

 Herz

 Sonne

 Schwanz

 Krebs

 Pfeil

 Korallen

 Quallen

 Felsen

 Arme

 Sand

 Schlange

 Fische

 Schlüssel

 See-
pferdchen

 Haken

 Krake

 Wand

 Stein

 Ritter

 Käfig

 Armleuchter

Maja von Vogel wurde 1973 geboren und wuchs im Emsland auf. Sie studierte Deutsch und Französisch, lebte ein Jahr in Paris und arbeitete mehrere Jahre als Lektorin in einem Kinderbuchverlag, bevor sie sich als Autorin und Übersetzerin selbstständig machte. Heute lebt Maja von Vogel in Norddeutschland.

Dorothea Ackroyd wurde 1960 in Herford geboren. Sie studierte Visuelle Kommunikation und Grafikdesign und arbeitet heute freiberuflich als Illustratorin, seit der Geburt ihrer Tochter hauptsächlich für Kinder- und Jugendbuchverlage.

Noch mehr Lesespaß!

ISBN 978-3-7855-8573-3

ISBN 978-3-7855-8574-0

ISBN 978-3-7855-8598-6